Assessoria de imprensa 3.0: estratégias de relações públicas na era do cancelamento digital

Copyright © 2024 Reginaldo Osnildo
Todos os direitos reservados.

APRESENTAÇÃO

INTRODUÇÃO À ASSESSORIA DE IMPRENSA 3.0

ENTENDENDO O CANCELAMENTO DIGITAL

A IMPORTÂNCIA DA REPUTAÇÃO ONLINE

ESTRATÉGIAS PROATIVAS DE RP

MONITORAMENTO DE MÍDIA DIGITAL

COMUNICAÇÃO DE CRISE NA ERA DIGITAL

GERENCIANDO O CANCELAMENTO NAS REDES SOCIAIS

ENGAJAMENTO COM INFLUENCIADORES

SEO PARA RELAÇÕES PÚBLICAS

CONTEÚDO DE MARCA E STORYTELLING

RELACIONAMENTO COM A MÍDIA NO MUNDO DIGITAL

GESTÃO DE STAKEHOLDERS

TRANSPARÊNCIA E AUTENTICIDADE

ESTRATÉGIAS DE CONTEÚDO VISUAL

DIREITOS DIGITAIS E ÉTICA ONLINE

TECNOLOGIAS EMERGENTES EM RP

ANÁLISE DE DADOS EM RP

GESTÃO DE FEEDBACK ONLINE

PREVENÇÃO DE CRISES DIGITAIS

TREINAMENTO DE PORTA-VOZES

NARRATIVAS MULTICANAIS

RP E RESPONSABILIDADE SOCIAL CORPORATIVA (RSC)

ESTRATÉGIAS DE RP PARA STARTUPS

DESENVOLVIMENTO DE CAMPANHAS DE RP

O FUTURO DAS RELAÇÕES PÚBLICAS DIGITAIS

REGINALDO OSNILDO

APRESENTAÇÃO

Bem-vindo a uma jornada transformadora pelo mundo dinâmico e desafiador das relações públicas digitais. À medida que você se aventura pelas páginas deste livro, mergulhará em uma fonte inestimável de estratégias práticas, insights profundos e orientações adaptadas para navegar com sucesso no ambiente digital contemporâneo.

Este livro é uma bússola para profissionais de relações públicas, marcas e personalidades públicas que buscam não apenas sobreviver, mas prosperar em meio às ondas turbulentas do cancelamento digital e da evolução constante da web 3.0. Através de uma combinação única de teoria atualizada e aplicações práticas, oferecemos a você um guia abrangente para construir, gerenciar e proteger sua reputação online.

Desde a prevenção e gestão de crises até o estabelecimento de uma presença digital autêntica e respeitável, este livro aborda cada aspecto crucial que você precisa conhecer para se destacar no cenário digital atual. Você aprenderá não apenas a enfrentar desafios, mas a transformá-los em oportunidades para fortalecer sua marca e sua voz no mundo digital.

Cada capítulo deste livro foi cuidadosamente elaborado para se complementar, oferecendo uma progressão lógica e envolvente através dos diversos temas. Começaremos com uma introdução à "ASSESSORIA DE IMPRENSA 3.0", onde exploraremos a evolução das relações públicas na era digital e o conceito emergente do cancelamento digital. Este capítulo servirá como alicerce para todo o conhecimento que você construirá ao longo do livro.

À medida que avançamos, cada capítulo não apenas se aprofundará em áreas específicas, como gestão de reputação online, estratégias proativas de RP, monitoramento de mídia digital, e muito mais, mas também o convidará a explorar o capítulo seguinte, mantendo sua jornada de aprendizado contínua e integrada.

Este não é apenas um livro; é um parceiro no seu crescimento e sucesso no ambiente digital. Ao compartilhar minhas percepções e sínteses do conhecimento mais atual, espero facilitar sua jornada, permitindo-lhe não apenas adaptar-se, mas liderar na vanguarda das relações públicas digitais.

Prepare-se para transformar a maneira como você vê e interage com o mundo digital. Vamos juntos desvendar os segredos para construir uma reputação online inabalável, gerenciar crises com maestria e aproveitar as oportunidades que a era digital oferece.

Seja bem-vindo ao futuro das relações públicas. Seja bem-vindo à **"Assessoria de imprensa 3.0: estratégias de relações públicas na era do cancelamento digital"**. A viagem começa agora.

Atenciosamente

Prof. Dr. Reginaldo Osnildo

INTRODUÇÃO À ASSESSORIA DE IMPRENSA 3.0

À medida que você adentra o universo da Assessoria de Imprensa 3.0, é crucial compreender que o cenário digital em que navegamos hoje não é apenas uma evolução tecnológica, mas uma transformação completa na forma como marcas e personalidades públicas se comunicam com seu público. Este capítulo oferece uma visão geral da trajetória das relações públicas (RP) na era digital, enfatizando o emergente fenômeno do cancelamento digital e como isso redefine as estratégias de RP.

A EVOLUÇÃO DAS RELAÇÕES PÚBLICAS NA ERA DIGITAL

As relações públicas, como você sabe, têm suas raízes profundamente fincadas na história da comunicação humana. No entanto, a ascensão da internet e das redes sociais transformou radicalmente o campo das RP. Hoje, vivemos na era da Assessoria de Imprensa 3.0, onde a velocidade, a interatividade e a ubiquidade da comunicação digital remodelaram a maneira como as marcas interagem com seus públicos.

A era digital trouxe consigo um novo paradigma: a democratização da informação. Com isso, as marcas e personalidades públicas viram-se diante do desafio e da oportunidade de se comunicarem diretamente com seu público, sem intermediários. Este cenário implica não apenas uma maior proximidade e autenticidade na comunicação, mas também expõe as marcas a um escrutínio público mais intenso e imediato.

O SURGIMENTO DO CANCELAMENTO DIGITAL

No coração desta transformação está o conceito de "cancelamento digital". Este fenômeno, caracterizado pela mobilização rápida e ampla contra indivíduos ou organizações em resposta a ações consideradas ofensivas ou inadequadas, é um dos maiores desafios enfrentados na era da Assessoria de Imprensa 3.0.

O cancelamento digital pode ter impactos devastadores na reputação online de uma marca ou personalidade pública, muitas vezes com consequências financeiras e sociais de longo alcance.

Por isso, entender esse fenômeno é o primeiro passo para desenvolver estratégias eficazes de gestão de crises e reputação online.

ADAPTANDO-SE À NOVA REALIDADE

Para navegar com sucesso neste ambiente, é fundamental adaptar as estratégias de relações públicas tradicionais ao contexto digital. Isso significa adotar uma abordagem mais dinâmica e interativa, onde a escuta ativa e a resposta rápida tornam-se componentes essenciais da gestão de reputação.

Além disso, a Assessoria de Imprensa 3.0 exige um entendimento profundo das plataformas digitais e das ferramentas de análise de dados. Essas tecnologias permitem não apenas monitorar a presença online e o sentimento em relação à marca, mas também identificar oportunidades de engajamento proativo e personalizado com o público.

À medida que você avança neste livro, será equipado com as ferramentas, estratégias e insights necessários para enfrentar os desafios do cancelamento digital e construir uma reputação online forte e resiliente. O próximo capítulo, "**ENTENDENDO O CANCELAMENTO DIGITAL**", aprofundará este conceito, explorando suas causas, impactos e, mais importante, como você pode se preparar para prevenir ou responder a tais crises.

Esteja você apenas começando sua jornada nas relações públicas ou procurando aprimorar suas estratégias existentes para o ambiente digital, este livro é seu guia essencial para a Assessoria de Imprensa 3.0. Convido você a continuar a jornada conosco, enquanto desvendamos juntos os segredos para prosperar na era do cancelamento digital.

ENTENDENDO O CANCELAMENTO DIGITAL

O fenômeno do cancelamento digital, uma realidade cada vez mais presente no cenário das relações públicas digitais, representa um dos maiores desafios para marcas, personalidades públicas e profissionais da área. Neste capítulo, vamos mergulhar fundo no conceito de cancelamento digital, compreendendo suas nuances, impactos e, sobretudo, como se preparar e responder a essas situações delicadas.

O QUE É O CANCELAMENTO DIGITAL?

Cancelamento digital refere-se à prática de boicotar indivíduos, marcas ou empresas após a divulgação de algum comportamento, comentário ou ação considerados ofensivos ou inapropriados. Este fenômeno é amplificado pela velocidade e alcance das redes sociais, permitindo que as campanhas de cancelamento ganhem tração rapidamente e, muitas vezes, com consequências significativas para os envolvidos.

O cancelamento pode surgir de uma variedade de situações, desde declarações polêmicas em entrevistas ou posts nas redes sociais até a revelação de comportamentos inadequados ou políticas empresariais controversas. Independentemente da causa, o resultado é uma reação rápida e, muitas vezes, impiedosa do público, impactando a reputação e, em muitos casos, a viabilidade financeira da marca ou da personalidade pública em questão.

IMPACTO DO CANCELAMENTO DIGITAL

O impacto do cancelamento digital vai além da simples perda de seguidores ou uma queda momentânea nas vendas. Ele pode afetar profundamente a percepção pública da marca ou da personalidade, resultando em danos de longo prazo à reputação. Esses danos podem se manifestar de várias maneiras, incluindo:

- **Boicotes de consumidores**: Redução significativa na lealdade do cliente e nos lucros.

- **Desvalorização da marca**: Perda de valor de mercado e potencial desinteresse de investidores e parceiros.

- **Dificuldades de recrutamento**: Complicações para atrair e reter talentos devido a uma imagem negativa.

Além disso, o cancelamento digital também pode ter efeitos devastadores no bem-estar emocional e psicológico dos indivíduos diretamente afetados, exacerbando a gravidade do fenômeno.

ESTRATÉGIAS PARA PREVENÇÃO E RESPOSTA

Embora o cancelamento digital possa parecer um monstro invencível, existem estratégias eficazes que você pode empregar para minimizar os riscos e responder de maneira construtiva quando enfrentar tais desafios:

- **Monitoramento constante**: Utilize ferramentas de monitoramento de mídias sociais para acompanhar o que está sendo dito sobre sua marca ou pessoa em tempo real. Isso permite uma resposta rápida a qualquer sinal de problema.

- **Transparência e autenticidade**: Seja claro, honesto e verdadeiro em todas as suas comunicações. Isso ajuda a construir confiança com seu público e pode atenuar os impactos negativos caso algo dê errado.

- **Planos de resposta a crises**: Desenvolva um plano de comunicação de crise detalhado, preparando-se para responder rapidamente e de forma eficaz a qualquer situação de cancelamento. Isso inclui ter mensagens pré-aprovadas e canais de comunicação estabelecidos.

- **Engajamento proativo**: Mantenha um diálogo aberto e contínuo com seu público. Isso não apenas fortalece a relação com sua base de seguidores, mas também pode servir como uma rede de segurança, proporcionando um canal para esclarecimentos rápidos e reparação, se necessário.

Compreender o cancelamento digital é o primeiro passo para

desenvolver uma estratégia de relações públicas robusta e resiliente na era digital. No próximo capítulo, "**A IMPORTÂNCIA DA REPUTAÇÃO ONLINE**", exploraremos como gerenciar e proteger sua reputação online em um mundo cada vez mais conectado e visível.

A jornada para fortalecer sua presença digital e proteger sua marca contra os ventos adversos do cancelamento digital continua. Equipado com o conhecimento e as estratégias certas, você está preparado para enfrentar esses desafios de frente e emergir ainda mais forte. Vamos avançar juntos nesta jornada, moldando uma narrativa digital que não apenas resiste ao teste do tempo, mas também prospera diante dos desafios.

A IMPORTÂNCIA DA REPUTAÇÃO ONLINE

No mundo digital de hoje, a reputação online de uma marca ou personalidade pública pode ser seu ativo mais valioso ou sua maior vulnerabilidade. Este capítulo explora a importância fundamental de gerenciar e proteger sua reputação online, oferecendo estratégias práticas para manter uma imagem positiva na web.

COMPREENDENDO A REPUTAÇÃO ONLINE

Sua reputação online é a soma das percepções que o público tem sobre sua marca ou personalidade, baseada em informações disponíveis na internet. Isso inclui tudo, desde comentários em redes sociais e avaliações em sites de review até artigos de notícias e blog posts. Em um ambiente digital onde informações — tanto positivas quanto negativas — podem se espalhar rapidamente, manter uma reputação online positiva é crucial para o sucesso e a sobrevivência de sua marca.

POR QUE A REPUTAÇÃO ONLINE É CRUCIAL?

A reputação online impacta diretamente vários aspectos de seu negócio ou carreira pública, incluindo:

- **Confiança do consumidor**: Uma reputação positiva aumenta a confiança dos consumidores, o que é essencial para fidelizar clientes e atrair novos.

- **Decisões de compra**: Muitos consumidores consultam avaliações online antes de tomar decisões de compra, o que significa que uma boa reputação pode diretamente aumentar suas vendas.

- **Percepção de valor**: Uma reputação online sólida pode melhorar a percepção do valor de sua marca, permitindo que você se destaque da concorrência.

- **Atração de talentos**: Empresas com reputações positivas atraem candidatos de alta qualidade, pois as pessoas preferem trabalhar para marcas respeitadas.

ESTRATÉGIAS PARA GERENCIAR E PROTEGER SUA REPUTAÇÃO ONLINE

- **Monitore sua presença online**: Utilize ferramentas de monitoramento para manter-se atualizado sobre o que é dito a respeito de sua marca na internet. Isso permite responder prontamente a qualquer feedback negativo ou informação falsa.

- **Engajamento ativo**: Mantenha um diálogo constante com seu público. Responda a comentários, tanto positivos quanto negativos, de forma respeitosa e construtiva. Isso demonstra que você valoriza o feedback e está comprometido em melhorar.

- **Conteúdo de qualidade**: Publique regularmente conteúdo relevante e valioso que reflita positivamente sobre sua marca. Isso não apenas melhora sua reputação, mas também contribui para uma presença online mais forte.

- **Gerenciamento de crises**: Tenha um plano de gerenciamento de crises pronto para ser implementado caso surja algum problema sério. Uma resposta rápida e eficaz pode minimizar danos à sua reputação.

- **Foco na transparência**: Seja transparente em suas operações e comunicações. Admitir erros e tomar medidas corretivas demonstra integridade e pode, paradoxalmente, melhorar a percepção pública.

Manter uma reputação online positiva é um processo contínuo que requer vigilância, dedicação e estratégia. No próximo capítulo, "**ESTRATÉGIAS PROATIVAS DE RP**", exploraremos como desenvolver e implementar táticas proativas para construir e manter uma imagem pública positiva.

À medida que você avança neste livro, lembre-se de que cada passo que você dá para proteger sua reputação online é um investimento no futuro da sua marca ou carreira pública. Convidamos você a seguir conosco nesta jornada, armado com o conhecimento e as ferramentas para não apenas responder aos desafios, mas antecipá-los e transformá-los em oportunidades de crescimento e fortalecimento de sua presença digital.

ESTRATÉGIAS PROATIVAS DE RP

Navegar pelo ambiente digital exige mais do que simplesmente reagir às crises e ao feedback negativo; demanda uma abordagem proativa para construir e manter uma imagem pública positiva. Este capítulo se dedica a explorar estratégias proativas de Relações Públicas (RP) que podem ser utilizadas para fortalecer sua presença online, cultivar uma imagem de marca robusta e estabelecer uma conexão autêntica com seu público.

A IMPORTÂNCIA DA PROATIVIDADE EM RP

Uma estratégia proativa de RP não apenas prepara você para gerenciar crises, mas também ajuda a preveni-las. Ao estabelecer uma narrativa positiva e controlar a percepção pública de sua marca, você pode influenciar significativamente como é percebido online. Isso envolve não apenas monitorar e responder a conversas sobre sua marca, mas também liderar essas conversas de maneira estratégica.

DESENVOLVENDO UMA ESTRATÉGIA PROATIVA

Para criar uma abordagem proativa eficaz em RP, considere os seguintes elementos:

- **Identificação e compreensão do público-alvo**: Conheça profundamente seu público. Quais são suas preferências, comportamentos online e canais de mídia social preferidos? Essa compreensão permite criar mensagens que ressoem e engajem seu público de maneira eficaz.

- **Criação de conteúdo de valor**: Produza e distribua conteúdo que seja não apenas relevante, mas também valioso para seu público. Isso pode incluir artigos informativos, posts em blogs, vídeos, infográficos e estudos de caso que posicionem sua marca como uma líder de pensamento em seu setor.

- **Construção de relacionamentos com a mídia**: Estabeleça e mantenha relacionamentos positivos com jornalistas, bloggers e influenciadores que possam ajudar a disseminar sua mensagem de forma positiva. Isso inclui o envio de press releases sobre novidades da empresa, produtos inovadores ou pesquisas de impacto.

- **Engajamento nas redes sociais**: Utilize as redes sociais para engajar-se diretamente com seu público, promovendo uma comunicação bidirecional. Isso ajuda a construir confiança e lealdade, além de permitir que você molde a percepção pública sobre sua marca de forma ativa.

- **Monitoramento e análise**: Faça uso de ferramentas de monitoramento para acompanhar o que está sendo dito sobre sua marca online e avaliar a eficácia de suas estratégias de RP. Isso permite ajustes rápidos e informados, garantindo que suas ações estejam alinhadas com os objetivos de sua marca.

IMPLEMENTANDO ESTRATÉGIAS PROATIVAS

Com essas estratégias em mãos, é crucial implementá-las de maneira consistente e ajustá-las conforme necessário. Lembre-se, a proatividade em RP não é uma tarefa única, mas um processo contínuo de engajamento, avaliação e adaptação.

Enquanto você avança na construção de uma estratégia proativa de RP, o próximo capítulo, "**MONITORAMENTO DE MÍDIA DIGITAL**", oferecerá insights valiosos sobre as ferramentas e técnicas necessárias para monitorar sua presença digital e identificar potenciais crises antes que elas escalem. Este conhecimento é fundamental para qualquer profissional de RP que busca não apenas gerenciar a reputação online, mas também fortalecê-la proativamente.

Ao equipar-se com as estratégias certas e adotar uma abordagem proativa, você está não apenas protegendo sua marca contra possíveis crises, mas também posicionando-a para o sucesso no ambiente digital. Continue conosco nesta jornada, à medida que exploramos mais ferramentas e técnicas para assegurar que sua marca ou personalidade pública floresça na era digital.

MONITORAMENTO DE MÍDIA DIGITAL

No atual ecossistema digital, onde as informações circulam com velocidade e volume sem precedentes, o monitoramento de mídia digital torna-se uma ferramenta indispensável para qualquer estratégia de Relações Públicas (RP) eficaz. Este capítulo aborda as ferramentas e técnicas essenciais para monitorar sua presença digital, permitindo identificar oportunidades de engajamento positivo e potenciais crises antes que elas se agravem.

A IMPORTÂNCIA DO MONITORAMENTO DIGITAL

O monitoramento de mídia digital oferece uma visão abrangente de como sua marca ou personalidade pública é percebida online. Através da análise de dados coletados de diversas fontes digitais, incluindo redes sociais, fóruns, blogs e notícias, você pode obter insights valiosos sobre o sentimento do público, tendências emergentes, e o desempenho de suas campanhas de comunicação.

FERRAMENTAS DE MONITORAMENTO DIGITAL

Existem diversas ferramentas de monitoramento disponíveis no mercado, cada uma com suas próprias características e capacidades. Algumas das mais eficazes incluem:

- **Google Alerts**: Configurar alertas do Google para o nome da sua marca ou tópicos relevantes pode ser um bom ponto de partida para monitorar menções online.

- **Hootsuite**: Uma plataforma de gerenciamento de redes sociais que permite monitorar várias redes sociais em um único painel de controle, facilitando o acompanhamento de conversas e tendências relevantes.

- **Mention**: Ferramenta de monitoramento em tempo real que oferece a capacidade de rastrear menções de sua marca em toda a web e nas redes sociais, permitindo reagir rapidamente a qualquer conteúdo negativo ou positivo.

- **Brandwatch**: Uma ferramenta mais avançada que usa inteligência artificial para analisar o sentimento e as tendências em torno de sua marca, fornecendo insights detalhados que podem informar sua estratégia de RP.

TÉCNICAS DE MONITORAMENTO EFETIVO

Para maximizar a eficácia do monitoramento de mídia digital, considere as seguintes técnicas:

- **Definição de palavras-chave e tópicos relevantes**: Identifique as palavras-chave, frases e tópicos mais relevantes para sua marca ou setor. Isso ajudará a filtrar o ruído e focar nas menções que realmente importam.

- **Segmentação por canal**: Cada plataforma digital tem sua própria cultura e tipo de usuário. Segmentar seu monitoramento por canal pode ajudar a entender melhor as nuances das conversas em diferentes plataformas.

- **Análise de sentimento**: Utilize ferramentas que oferecem análise de sentimento para ter uma ideia geral do sentimento positivo, negativo ou neutro em relação à sua marca. Isso pode ajudar a priorizar as respostas e entender melhor a percepção do público.

- **Relatórios e análise de tendências**: Crie relatórios regulares para analisar as tendências ao longo do tempo. Isso não apenas ajuda a medir o impacto de suas ações de RP, mas também a identificar oportunidades ou ameaças emergentes no horizonte digital.

Armado com ferramentas e técnicas de monitoramento de mídia digital, você estará mais bem preparado para gerenciar sua presença online e responder de maneira proativa a qualquer situação. No próximo capítulo, "**COMUNICAÇÃO DE CRISE NA ERA DIGITAL**", mergulharemos nas estratégias específicas para planejar e executar comunicações de crise eficazes, um componente crítico para salvaguardar sua reputação online em momentos de adversidade.

O monitoramento eficaz é o seu radar no vasto oceano digital, guiando sua navegação pelas ondas tumultuadas da opinião pública online. Continue sua jornada conosco, enquanto exploramos como transformar insights de monitoramento em ações estratégicas que fortalecem sua marca no mundo digital.

COMUNICAÇÃO DE CRISE NA ERA DIGITAL

Em um mundo onde uma única postagem nas redes sociais pode gerar uma tempestade de relações públicas, estar preparado para comunicar-se eficazmente durante uma crise é mais crucial do que nunca. Este capítulo aborda o planejamento e a execução de comunicações de crise na era digital, fornecendo estratégias vitais para proteger sua reputação online em momentos críticos.

ENTENDENDO A COMUNICAÇÃO DE CRISE

Comunicação de crise refere-se ao conjunto de estratégias e práticas empregadas para lidar com eventos ou informações negativas que têm o potencial de prejudicar a reputação de uma marca ou personalidade pública. No ambiente digital, onde as notícias se espalham rapidamente, uma resposta rápida e bem articulada é essencial.

ELEMENTOS DE UM PLANO DE COMUNICAÇÃO DE CRISE EFETIVO

- **Equipe de gerenciamento de crise**: Constitua uma equipe dedicada à gestão de crises, incluindo membros de diferentes departamentos, como RP, jurídico e atendimento ao cliente, garantindo uma resposta coordenada.

- **Canais de comunicação**: Determine quais canais serão utilizados para comunicar durante uma crise (por exemplo, redes sociais, website oficial, imprensa). Certifique-se de que estes canais possam ser rapidamente atualizados conforme necessário.

- **Mensagens-chave e templates de resposta**: Desenvolva mensagens-chave e templates de resposta para cenários de crise potenciais. Embora cada crise exija uma abordagem personalizada, ter uma base preparada pode acelerar significativamente sua resposta.

- **Protocolos de monitoramento e avaliação**: Estabeleça protocolos para monitorar a situação em tempo real e avaliar a eficácia de suas comunicações. Isso inclui acompanhar o sentimento online e o volume de menções à marca.

ESTRATÉGIAS PARA COMUNICAR DURANTE UMA CRISE

- **Resposta rápida:** No ambiente digital, o tempo é essencial. Uma resposta rápida pode ajudar a controlar a narrativa antes que ela escale.

- **Transparência:** Seja honesto sobre a situação. Admitir erros e comunicar as etapas que estão sendo tomadas para resolver o problema pode ajudar a reconstruir a confiança.

- **Consistência:** Garanta que todas as comunicações, em todos os canais, sejam consistentes. Mensagens contraditórias podem causar confusão e agravar a crise.

- **Foco na solução:** Enquanto é importante reconhecer o problema, as comunicações devem se concentrar nas soluções e nas ações que estão sendo tomadas para resolver a crise.

- **Monitoramento contínuo:** Mantenha o monitoramento da situação e ajuste sua estratégia conforme necessário. O cenário pode mudar rapidamente, e a flexibilidade é fundamental.

AVANÇANDO APÓS A CRISE

Após a crise, é crucial avaliar o desempenho de sua estratégia de comunicação e aprender com a experiência. Analise o que funcionou bem e o que pode ser melhorado, ajuste seus planos de crise com base nesses insights e continue a monitorar a percepção pública para garantir a recuperação completa da reputação.

Agora que você está equipado com as estratégias para gerenciar comunicações de crise na era digital, o próximo capítulo, **"GERENCIANDO O CANCELAMENTO NAS REDES SOCIAIS"**, irá explorar táticas específicas para enfrentar campanhas de cancelamento e mitigar seus efeitos nas plataformas de mídia social. Essas situações, embora desafiadoras, oferecem oportunidades únicas para reafirmar os valores da sua marca e fortalecer sua conexão com o público.

A comunicação de crise é uma parte inevitável da gestão de uma marca ou imagem pública na era digital. Com a preparação adequada e uma abordagem estratégica, você pode navegar por esses momentos com confiança e emergir mais forte do outro lado. Continue sua jornada conosco, enquanto exploramos como transformar desafios em oportunidades para crescimento e engajamento.

GERENCIANDO O CANCELAMENTO NAS REDES SOCIAIS

Nas redes sociais, onde as vozes se amplificam e as opiniões se espalham com rapidez, o fenômeno do cancelamento pode evoluir rapidamente de um sussurro para um estrondo ensurdecedor. Este capítulo se concentra em estratégias eficazes para enfrentar campanhas de cancelamento nas plataformas de mídia social, ajudando você a mitigar os impactos e, quando possível, virar o jogo a favor da sua marca ou imagem pública.

COMPREENDENDO O CANCELAMENTO NAS REDES SOCIAIS

O cancelamento nas redes sociais ocorre quando um indivíduo ou marca é alvo de críticas generalizadas, muitas vezes resultando em uma chamada pública para boicotar ou desacreditar. Esses movimentos podem ser desencadeados por uma variedade de razões, desde deslizes verbais até ações consideradas antiéticas ou ofensivas.

ESTRATÉGIAS PARA ENFRENTAR O CANCELAMENTO

- **Avaliação rápida e resposta**: O primeiro passo é avaliar rapidamente a situação para entender a gravidade do cancelamento e determinar a melhor forma de resposta. Nem todas as críticas exigem uma resposta pública, mas ignorar completamente uma campanha significativa de cancelamento pode ser prejudicial.

- **Comunicação transparente e autêntica**: Se uma resposta for necessária, ela deve ser transparente, autêntica e alinhada com os valores da sua marca. Reconheça o problema, mostre empatia e, se apropriado, peça desculpas sinceramente.

- **Engajamento direto e construtivo**: Engaje-se diretamente com a comunidade de maneira construtiva. Isso pode incluir responder a preocupações específicas nas redes sociais, realizar sessões de perguntas e respostas ou até mesmo organizar encontros virtuais para discutir o assunto de forma aberta.

- **Foco na ação**: Além das palavras, é essencial demonstrar através de ações concretas que você está comprometido em fazer mudanças positivas. Isso pode incluir revisar políticas internas, implementar programas de treinamento ou fazer doações para causas relacionadas.

- **Monitoramento contínuo**: Continue monitorando a situação nas redes sociais para avaliar a eficácia de suas respostas e ajustar a estratégia conforme necessário. Ferramentas de monitoramento de mídia social podem ser valiosas aqui.

RECUPERANDO-SE DE UMA CAMPANHA DE CANCELAMENTO

Recuperar-se de uma campanha de cancelamento bem-sucedida requer tempo, paciência e um compromisso contínuo com a transparência e a mudança positiva. Considere estas etapas para a recuperação:

- **Avaliação pós-crise**: Após a tempestade ter passado, faça uma análise detalhada do ocorrido. Identifique o que poderia ter sido feito de maneira diferente e o que foi aprendido.

- **Reconstrução estratégica**: Utilize os insights adquiridos para fortalecer sua estratégia de comunicação nas redes sociais, enfatizando a autenticidade e o engajamento positivo com sua audiência.

- **Compromisso com a melhoria contínua**: Demonstre um compromisso contínuo com a melhoria, seja através de iniciativas internas para promover uma cultura mais inclusiva ou através de esforços externos para reparar relacionamentos com a comunidade.

Superar uma campanha de cancelamento nas redes sociais é apenas um passo na jornada de construção e manutenção de uma reputação online forte. No próximo capítulo, "**ENGAJAMENTO COM INFLUENCIADORES**", exploraremos como a colaboração com influenciadores digitais pode reforçar a mensagem da sua marca e construir autenticidade, ajudando a prevenir futuras crises e promover uma imagem positiva no longo prazo.

Navegar pelas águas turbulentas do cancelamento digital requer não apenas uma estratégia eficaz, mas também um compromisso genuíno com a mudança e a melhoria. Continue conosco nesta jornada enquanto descobrimos mais ferramentas e estratégias para fortalecer sua presença digital em um mundo em constante mudança.

ENGAJAMENTO COM INFLUENCIADORES

No panorama digital atual, a colaboração com influenciadores tornou-se uma estratégia indispensável para as marcas que desejam ampliar seu alcance, reforçar sua mensagem e construir autenticidade. Este capítulo explora como o engajamento estratégico com influenciadores digitais pode beneficiar sua marca ou imagem pública, oferecendo dicas para criar parcerias frutíferas que impulsionem seus objetivos de relações públicas.

A FORÇA DOS INFLUENCIADORES DIGITAIS

Influenciadores digitais, com seus públicos leais e nichos específicos, possuem a capacidade única de moldar opiniões e tendências. Eles podem agir como multiplicadores de mensagem para sua marca, conferindo credibilidade e relevância através de seu endosso. A chave é escolher influenciadores cujos valores e público alinhem-se com os da sua marca.

ESTRATÉGIAS PARA ENGAJAMENTO EFICAZ

- **Identificação e seleção de influenciadores**: Comece identificando influenciadores cujos nichos e valores estejam alinhados com sua marca. Ferramentas de análise de redes sociais podem ajudar a identificar potenciais candidatos com base no alcance, engajamento e relevância de conteúdo.

- **Construção de relacionamentos autênticos**: Antes de propor uma colaboração, invista tempo construindo um relacionamento genuíno com os influenciadores. Comente em suas postagens, compartilhe seu conteúdo e envolva-se de maneira significativa para estabelecer uma conexão autêntica.

- **Propostas personalizadas**: Quando estiver pronto para propor uma parceria, faça-o de maneira personalizada. Destaque como a colaboração pode beneficiar ambas as partes e esteja aberto a ideias criativas que ressoem com o público do influenciador.

- **Estabelecimento de expectativas claras**: Ao formalizar a parceria, é crucial definir expectativas claras em termos de entregas, mensagens-chave e diretrizes de marca. Um briefing detalhado pode ajudar a garantir que ambos estejam na mesma página.

- **Monitoramento e avaliação**: Utilize métricas de desempenho, como alcance, engajamento e conversões, para avaliar o sucesso da parceria. Isso não apenas ajuda a medir o ROI, mas também fornece insights valiosos para futuras colaborações.

MAXIMIZANDO O IMPACTO

Para maximizar o impacto do engajamento com influenciadores, considere integrar essas parcerias em sua estratégia de relações públicas mais ampla. Campanhas coesas que combinem influenciadores, conteúdo orgânico e mídia paga podem amplificar sua mensagem de maneira significativa.

A colaboração com influenciadores é mais do que uma simples estratégia de marketing; é uma forma poderosa de construir credibilidade e autenticidade em um mundo digital saturado. No próximo capítulo, "**SEO PARA RELAÇÕES PÚBLICAS**", exploraremos como otimizar sua presença online para melhorar a visibilidade positiva e gerenciar a reputação online, complementando assim os esforços de engajamento com influenciadores.

Neste cenário digital em constante evolução, onde a autenticidade e a confiança são moedas valiosas, alavancar o poder dos influenciadores pode ser a chave para fortalecer sua marca e cultivar relações duradouras com seu público. Prossiga conosco nesta jornada, enquanto desvendamos mais estratégias para garantir que sua marca não apenas sobreviva, mas prospere na era digital.

SEO PARA RELAÇÕES PÚBLICAS

No universo digital de hoje, a visibilidade online é crucial para o sucesso de qualquer marca ou personalidade pública. SEO (Search Engine Optimization) não é mais apenas uma ferrativa do marketing digital; tornou-se uma peça essencial nas estratégias de relações públicas. Este capítulo aborda como utilizar técnicas de SEO para melhorar a visibilidade positiva e gerenciar efetivamente a reputação online.

INTEGRANDO SEO EM RELAÇÕES PÚBLICAS

SEO para RP vai além de simplesmente otimizar o conteúdo para mecanismos de busca. Envolve uma abordagem estratégica para garantir que as mensagens positivas e o conteúdo de marca tenham destaque nos resultados de busca, ao mesmo tempo em que se gerencia ativamente a percepção pública.

ESTRATÉGIAS DE SEO PARA RP

- **Palavras-chave e mensagens-chave**: Identifique palavras-chave relevantes que seu público-alvo está pesquisando e incorpore-as nas suas mensagens-chave. Isso inclui comunicados de imprensa, conteúdo de blogs, biografias online e outros materiais de comunicação.

- **Otimização de conteúdo**: Certifique-se de que todo o conteúdo online seja otimizado para SEO, incluindo títulos, descrições, tags de cabeçalho e imagens. Isso aumenta a probabilidade de seu conteúdo ser encontrado e classificado positivamente pelos motores de busca.

- **Backlinks de qualidade**: Construir backlinks de sites respeitáveis pode aumentar significativamente a autoridade do seu site nos mecanismos de busca. Colaborações com influenciadores, menções na mídia e guest posts são formas eficazes de acumular backlinks de qualidade.

- **Monitoramento da reputação online**: Use ferramentas de SEO para monitorar como sua marca ou nome é mencionado online. Isso permite identificar rapidamente conteúdo negativo ou falso e tomar medidas para gerenciá-lo proativamente.

- Conteúdo de alta qualidade: Produzir conteúdo relevante e de alta qualidade é a espinha dorsal do SEO. Conteúdos que respondem às perguntas do seu público e fornecem valor tendem a ser melhor classificados e compartilhados, ampliando sua visibilidade online positiva.

DESAFIOS E OPORTUNIDADES

O principal desafio do SEO para RP é a constante evolução dos algoritmos de busca, o que exige uma adaptação e atualização contínua das estratégias. No entanto, isso também representa uma oportunidade para permanecer à frente das tendências digitais, adaptando suas técnicas para garantir a máxima visibilidade e gestão eficaz da reputação online.

Ao integrar efetivamente o SEO em suas estratégias de relações públicas, você pode garantir que a narrativa positiva da sua marca ganhe destaque no vasto mundo digital. No próximo capítulo, **"CONTEÚDO DE MARCA E STORYTELLING"**, mergulharemos mais fundo na arte de contar histórias que ressoam com seu público, complementando suas estratégias de SEO e amplificando ainda mais sua presença online.

Empregar SEO nas relações públicas não é apenas sobre ser visto; é sobre ser visto no contexto certo. Prossiga nesta jornada conosco, enquanto exploramos como moldar e compartilhar as histórias que definem sua marca na era digital.

CONTEÚDO DE MARCA E STORYTELLING

No coração de qualquer estratégia de relações públicas bem-sucedida na era digital, encontra-se a arte do storytelling. Contar histórias envolventes e significativas permite que marcas e personalidades públicas conectem-se emocionalmente com seu público, transcendendo a tradicional publicidade para criar laços duradouros. Este capítulo explora como integrar conteúdo de marca e storytelling nas suas estratégias de RP, transformando cada ponto de contato em uma oportunidade para engajar e inspirar.

A ESSÊNCIA DO STORYTELLING

Storytelling é mais do que apenas contar histórias; é sobre contar a história certa da maneira certa. Histórias bem contadas têm o poder de capturar a imaginação, invocar emoções e motivar ações. No contexto de relações públicas digitais, o storytelling torna-se uma ferramenta poderosa para humanizar sua marca, destacar seus valores e construir credibilidade.

ESTRATÉGIAS DE STORYTELLING PARA RP

- **Identifique sua narrativa central**: Todo conteúdo de marca deve girar em torno de uma narrativa central coerente. Esta narrativa deve refletir os valores da sua marca, sua missão e o que a torna única. Uma narrativa bem definida serve como a espinha dorsal para todas as suas histórias.

- **Conheça seu público**: Para que suas histórias ressoem, é fundamental entender seu público. Quais são seus interesses, preocupações e aspirações? Histórias que falam diretamente ao coração e à mente do seu público são aquelas que serão lembradas e compartilhadas.

- **Diversifique o formato do conteúdo**: Utilize uma variedade de formatos de conteúdo para contar suas histórias, incluindo blogs, vídeos, podcasts, infográficos e mídias sociais. Diferentes formatos podem capturar a atenção de diferentes segmentos do seu público de maneiras únicas.

- **Promova engajamento**: Encoraje seu público a fazer parte da sua história. Isso pode ser feito através de campanhas de mídia social que convidam a participação, concursos ou até mesmo cocriação de conteúdo. O engajamento transforma espectadores passivos em defensores ativos da sua marca.

- **Mensure o impacto**: Utilize ferramentas analíticas para avaliar o impacto das suas histórias. Métricas como engajamento, compartilhamentos, comentários e conversões podem fornecer insights valiosos sobre o que ressoa com seu público.

SUPERANDO DESAFIOS NO STORYTELLING

O maior desafio no storytelling digital é cortar o ruído. Vivemos em uma era de sobrecarga de informação, onde a atenção do público é altamente disputada. Para superar esse desafio, suas histórias precisam ser não apenas interessantes, mas também relevantes e entregues no momento certo e no canal certo.

À medida que avançamos para o próximo capítulo, **"RELACIONAMENTO COM A MÍDIA NO MUNDO DIGITAL"**, exploraremos como a narrativa da sua marca pode ser amplificada através de relacionamentos estratégicos com a mídia. O storytelling não termina com o conteúdo que você cria; estende-se através das histórias que outros contam sobre você.

Combinando técnicas eficazes de storytelling com uma estratégia de conteúdo de marca sólida, você pode elevar sua presença online, engajar profundamente seu público e construir uma reputação duradoura na era digital. Continue nesta jornada conosco, enquanto desbloqueamos mais ferramentas e estratégias para moldar a percepção pública e impulsionar o sucesso da sua marca.

RELACIONAMENTO COM A MÍDIA NO MUNDO DIGITAL

Em um ambiente digital em constante evolução, o relacionamento com a mídia permanece um pilar fundamental das relações públicas. Neste capítulo, exploraremos como cultivar e manter relações produtivas com jornalistas e veículos de mídia na era digital, ampliando o alcance das narrativas da sua marca e solidificando sua reputação online.

A IMPORTÂNCIA DE RELACIONAMENTOS SÓLIDOS COM A MÍDIA

O relacionamento com a mídia no mundo digital vai além de simplesmente enviar press releases. É sobre construir conexões genuínas com jornalistas e influenciadores da mídia que possam se interessar genuinamente pela sua história. Essas relações podem ser inestimáveis durante tempos de crise ou quando você precisa que uma história seja contada de maneira precisa e favorável.

ESTRATÉGIAS PARA CONSTRUIR RELAÇÕES COM A MÍDIA

- **Pesquisa e personalização**: Comece identificando jornalistas e veículos de mídia que cobrem sua área de atuação. Entenda o tipo de conteúdo que produzem e personaliza sua abordagem com base em seus interesses e necessidades.

- **Criação de conteúdo de valor**: Ofereça conteúdo exclusivo, insights de especialistas ou acesso antecipado a informações importantes. Isso não só aumenta suas chances de cobertura, como também estabelece sua marca como uma fonte valiosa e confiável.

- **Comunicação efetiva**: Mantenha a comunicação clara, concisa e relevante. Respeite os prazos dos jornalistas e forneça todas as informações necessárias para facilitar seu trabalho, incluindo citações, imagens e dados de contato.

- **Utilização de plataformas digitais**: Aproveite as plataformas digitais para construir e manter relacionamentos. Seguir jornalistas nas redes sociais, interagir com seus conteúdos e compartilhar seus artigos pode ajudar a estabelecer uma conexão antes mesmo do primeiro contato direto.

- Monitoramento e acompanhamento: Após o envio de press releases ou outras informações, faça um acompanhamento respeitoso para garantir que receberam tudo o que precisam. Depois da publicação, agradeça e compartilhe o conteúdo em seus próprios canais.

SUPERANDO DESAFIOS

Um dos principais desafios no relacionamento com a mídia digital é a alta concorrência por atenção. Para superar isso, é crucial que sua abordagem se destaque, oferecendo histórias únicas, ângulos interessantes e valor real para o público do veículo de mídia.

O relacionamento efetivo com a mídia é um ciclo contínuo de pesquisa, comunicação e gratidão. Ao investir nesses relacionamentos, você não apenas amplia o alcance de suas histórias, mas também fortalece a posição da sua marca no panorama digital. No próximo capítulo, "**GESTÃO DE STAKEHOLDERS**", vamos explorar como identificar e gerenciar as expectativas e percepções dos stakeholders, uma etapa crucial para garantir o alinhamento entre sua estratégia de RP e os objetivos gerais da sua marca.

Os relacionamentos com a mídia no mundo digital são uma via de mão dupla, oferecendo benefícios tanto para as marcas quanto para os jornalistas. Prossiga conosco nesta jornada, enquanto continuamos a explorar estratégias para cultivar uma presença online positiva e influente.

GESTÃO DE STAKEHOLDERS

A gestão de stakeholders é fundamental na construção e manutenção de uma imagem pública positiva e na execução de estratégias de relações públicas eficazes. Neste capítulo, exploraremos como identificar, entender e gerenciar as expectativas e percepções dos stakeholders, garantindo que suas estratégias de RP estejam alinhadas com os objetivos da marca e atendam às necessidades de todos os envolvidos.

COMPREENDENDO STAKEHOLDERS

Stakeholders são indivíduos, grupos ou organizações que têm interesse ou são afetados pelas atividades da sua marca. Isso inclui clientes, funcionários, parceiros de negócios, investidores e a mídia. Cada grupo tem suas próprias expectativas e necessidades, e entender essas diferenças é crucial para desenvolver comunicações eficazes.

ESTRATÉGIAS PARA GESTÃO DE STAKEHOLDERS

- **Mapeamento e identificação**: O primeiro passo é identificar quem são seus stakeholders e mapear seu nível de influência e interesse em relação à sua marca. Isso ajuda a priorizar esforços de comunicação e a customizar mensagens.

- **Compreensão das necessidades**: Entender as necessidades, preocupações e expectativas de cada grupo de stakeholders é vital. Isso pode ser alcançado por meio de pesquisas, entrevistas ou sessões de feedback.

- **Comunicação eficaz**: Desenvolva um plano de comunicação que aborde as necessidades específicas de cada grupo de stakeholders. A comunicação deve ser clara, consistente e regular para construir confiança e manter relações positivas.

- **Engajamento proativo**: Envolva os stakeholders nas decisões e processos que os afetam. Isso não apenas demonstra respeito por suas opiniões, mas também pode fornecer insights valiosos para melhorar suas estratégias de RP.

- **Monitoramento e ajustes:** Monitore continuamente as percepções e o feedback dos stakeholders, e esteja pronto para ajustar suas estratégias conforme necessário. A gestão de stakeholders é um processo dinâmico que exige flexibilidade e adaptabilidade.

SUPERANDO DESAFIOS

Um dos maiores desafios na gestão de stakeholders é equilibrar interesses conflitantes. Uma comunicação eficaz e a busca por soluções ganha-ganha são essenciais para superar esses obstáculos e manter relações harmoniosas.

A gestão eficaz de stakeholders é um componente crucial de qualquer estratégia de relações públicas bem-sucedida. Ela permite que você construa uma base sólida de apoio, minimize conflitos e maximize a cooperação entre todos os envolvidos. No próximo capítulo, "**TRANSPARÊNCIA E AUTENTICIDADE**", vamos explorar como esses valores podem ser incorporados às suas estratégias de RP para fortalecer ainda mais sua imagem pública e a confiança de seus stakeholders.

Entender e gerenciar as expectativas dos stakeholders não apenas fortalece a imagem da sua marca, mas também contribui para o sucesso a longo prazo de suas iniciativas de RP. Continue conosco nesta jornada, enquanto desvendamos estratégias para construir e manter relações positivas no ambiente digital volátil de hoje.

TRANSPARÊNCIA E AUTENTICIDADE

Transparência e autenticidade são mais do que apenas palavras-chave no universo das relações públicas; elas são fundamentos críticos para construir confiança e fidelidade com seus stakeholders em um ambiente digital cada vez mais cético. Este capítulo explora a importância de integrar transparência e autenticidade em suas estratégias de RP, fornecendo orientações sobre como esses valores podem ser comunicados de forma eficaz para fortalecer sua imagem pública.

A IMPORTÂNCIA DA TRANSPARÊNCIA E AUTENTICIDADE

Em um mundo repleto de informações e escolhas, consumidores e outros stakeholders valorizam marcas que são abertas, honestas e genuínas. A transparência não se trata apenas de divulgar informações; trata-se de ser aberto sobre suas práticas, sucessos e, igualmente importante, seus fracassos. A autenticidade vai além de manter uma imagem; é sobre alinhar suas ações com seus valores declarados, garantindo que sua marca "pratique o que prega".

COMUNICANDO TRANSPARÊNCIA E AUTENTICIDADE

- **Histórias reais, pessoas reais**: Use suas plataformas de comunicação para contar histórias reais envolvendo sua equipe, clientes ou parceiros. Essas histórias devem refletir honestamente os valores e a cultura da sua marca.

- **Diálogo aberto**: Encoraje e participe de conversas abertas com seus stakeholders, seja através de mídias sociais, fóruns ou eventos ao vivo. Esteja disposto a discutir questões delicadas de forma respeitosa e construtiva.

- **Admissão de erros**: Quando erros ocorrerem, assuma a responsabilidade prontamente. Explique o que deu errado, o que está sendo feito para corrigir o problema e como futuros erros serão prevenidos.

- **Feedback e ação**: Demonstre como o feedback dos stakeholders influencia suas decisões e ações. Isso não apenas valida a importância de seus contributos, mas também reforça sua autenticidade.

- **Consistência na comunicação**: Garanta que suas mensagens sejam consistentes em todos os canais. Inconsistências podem minar a confiança e questionar sua autenticidade.

BENEFÍCIOS DE SER TRANSPARENTE E AUTÊNTICO

Adotar uma abordagem transparente e autêntica pode trazer inúmeros benefícios, incluindo uma reputação pública fortalecida, uma base de clientes leais e a capacidade de atrair e reter talentos. Além disso, em tempos de crise, marcas que já estabeleceram uma reputação de transparência e autenticidade tendem a recuperar-se mais rapidamente.

SUPERANDO DESAFIOS

Um dos maiores desafios é equilibrar a transparência com a necessidade de proteger informações sensíveis. A chave é comunicar abertamente o máximo possível, enquanto explica claramente os motivos para manter certas informações em reserva.

Integrar transparência e autenticidade em suas estratégias de RP não é apenas benéfico; é essencial na era digital de hoje. No próximo capítulo, "**ESTRATÉGIAS DE CONTEÚDO VISUAL**", exploraremos como utilizar conteúdo visual para reforçar suas mensagens de RP, engajando seu público de maneira eficaz e memorável.

Construir uma marca forte na era digital requer mais do que apenas uma presença online; exige criar uma conexão genuína com seus stakeholders. Continue nesta jornada conosco enquanto exploramos maneiras de comunicar seus valores de marca de forma eficaz, aproveitando o poder da transparência e da autenticidade.

ESTRATÉGIAS DE CONTEÚDO VISUAL

Em um mundo digital saturado de informações, o conteúdo visual surge como uma forma poderosa de capturar a atenção do público, comunicar mensagens complexas de forma rápida e eficaz, e reforçar a identidade e os valores da marca. Este capítulo aborda a importância do conteúdo visual nas estratégias de relações públicas e fornece diretrizes para criar visuais que engajem e inspirem seu público.

A FORÇA DO CONTEÚDO VISUAL

Conteúdo visual — incluindo imagens, vídeos, infográficos e gráficos animados — tem a capacidade única de transmitir emoção, contar histórias e apresentar informações de maneira rápida e digerível. No contexto das RP, utilizar estrategicamente o conteúdo visual pode ampliar significativamente o impacto das suas comunicações, tornando-as mais memoráveis e compartilháveis.

DESENVOLVENDO ESTRATÉGIAS DE CONTEÚDO VISUAL EFICAZES

- **Alinhamento com a mensagem da marca**: Certifique-se de que todo conteúdo visual reflita e reforce a mensagem e os valores da sua marca. Consistência visual ajuda a construir reconhecimento e confiança.

- **Qualidade sobre quantidade**: Invista em conteúdo visual de alta qualidade. Visuais atraentes e profissionais elevam a percepção da sua marca e capturam melhor a atenção do seu público.

- **Diversificação de formatos**: Explore diferentes formatos de conteúdo visual para manter seu público engajado. Vídeos, lives, histórias em redes sociais, infográficos e fotos de alta qualidade podem atender a diferentes preferências e necessidades de informação.

- **Otimização para plataformas**: Adapte e otimize seu conteúdo visual para cada plataforma de mídia social, considerando as especificidades e limitações de cada uma. Isso maximiza o impacto e a visibilidade dos seus visuais.

- **Integração de storytelling**: Utilize conteúdo visual para contar histórias que ressoem emocionalmente com seu público. Histórias visuais podem ser especialmente eficazes para transmitir missões da marca, impacto social, ou histórias de clientes.

- **Interatividade e engajamento**: Considere criar conteúdo visual interativo, como quizzes, enquetes ou jogos, para aumentar o engajamento. A interatividade pode também fornecer insights valiosos sobre as preferências do seu público.

MEDINDO O SUCESSO

Para avaliar a eficácia das suas estratégias de conteúdo visual, monitore métricas como engajamento, compartilhamentos, comentários e conversões. Essas informações podem ajudar a refinar suas abordagens e identificar os tipos de conteúdo que mais ressoam com seu público.

SUPERANDO DESAFIOS

Um dos desafios do conteúdo visual é manter a produção de materiais frescos e relevantes, o que pode exigir recursos significativos. Colaborar com criadores de conteúdo, utilizar ferramentas de design acessíveis e aproveitar conteúdo gerado pelo usuário podem ser estratégias eficazes para superar essas barreiras.

Com as estratégias de conteúdo visual bem implementadas, você está pronto para capturar a atenção do seu público de maneira poderosa e memorável. No próximo capítulo, "**DIREITOS DIGITAIS E ÉTICA ONLINE**", exploraremos como navegar pelas questões de direitos autorais e ética nas comunicações online, assegurando que seu conteúdo visual não apenas engaje, mas também respeite os padrões legais e éticos.

O conteúdo visual é uma ferramenta indispensável no arsenal de qualquer estratégia de relações públicas moderna, oferecendo um meio poderoso para contar sua história e conectar-se com seu público. Continue nesta jornada conosco, enquanto exploramos mais aspectos cruciais para fortalecer sua presença digital e reputação online.

DIREITOS DIGITAIS E ÉTICA ONLINE

Navegar pelas complexidades dos direitos digitais e da ética online é essencial para marcas e personalidades públicas que buscam manter práticas de comunicação responsáveis na era digital. Este capítulo discute a importância de entender e respeitar os direitos autorais e a ética online, fornecendo orientações para assegurar que seu conteúdo visual e estratégias de relações públicas estejam em conformidade com as leis e normas éticas.

ENTENDENDO DIREITOS DIGITAIS E ÉTICA ONLINE

Direitos digitais referem-se aos direitos de propriedade intelectual aplicados ao ambiente digital, incluindo direitos autorais de imagens, vídeos, textos e outros conteúdos criativos. A ética online, por sua vez, aborda as práticas corretas e justas na utilização e compartilhamento de conteúdo na internet, assegurando que as ações online respeitem tanto os direitos individuais quanto coletivos.

PRÁTICAS PARA RESPEITAR DIREITOS DIGITAIS E ÉTICA ONLINE

- **Uso de conteúdo licenciado e original**: Sempre que possível, crie seu próprio conteúdo visual ou utilize imagens, vídeos e músicas licenciados através de bancos de imagens respeitáveis ou sob licenças de Creative Commons adequadas para uso comercial.

- **Atribuição adequada**: Quando utilizar conteúdo de terceiros, forneça atribuição clara e correta, conforme especificado pelo criador ou pela licença sob a qual o conteúdo é disponibilizado.

- **Respeito à privacidade e consentimento**: Obtenha consentimento claro antes de utilizar imagens ou histórias pessoais em suas campanhas de RP, especialmente em contextos que possam ser sensíveis ou pessoais.

- **Transparência na publicidade e parcerias**: Seja transparente sobre parcerias pagas ou conteúdo patrocinado, utilizando hashtags como #publi ou #ad para indicar que se trata de uma comunicação publicitária.

- **Verificação de fatos e responsabilidade**: Certifique-se de que todo o conteúdo compartilhado seja preciso e verificado, evitando a disseminação de informações falsas ou enganosas.

NAVEGANDO POR DESAFIOS LEGAIS E ÉTICOS

A violação de direitos autorais e a falta de ética online podem resultar em consequências legais sérias, além de prejudicar a reputação da sua marca. Mantenha-se informado sobre as leis de direitos autorais e as melhores práticas éticas, e considere a consulta com profissionais legais especializados quando necessário.

Respeitar os direitos digitais e a ética online não apenas protege sua marca contra riscos legais e éticos, mas também constrói confiança com seu público, reforçando sua reputação como uma marca responsável e íntegra. No próximo capítulo, **"TECNOLOGIAS EMERGENTES EM RP"**, exploraremos como as novas tecnologias, como IA e blockchain, estão redefinindo as estratégias de relações públicas, abrindo novas possibilidades para comunicação e engajamento.

Neste ambiente digital em constante evolução, é crucial que as marcas e personalidades públicas naveguem com cuidado e responsabilidade, assegurando que suas estratégias de comunicação reflitam não apenas suas metas, mas também um compromisso com práticas justas e éticas. Continue conosco nesta jornada, enquanto descobrimos como integrar tecnologias emergentes de maneira ética e eficaz em suas estratégias de RP.

TECNOLOGIAS EMERGENTES EM RP

À medida que o campo das relações públicas continua a evoluir, a incorporação de tecnologias emergentes tornou-se uma estratégia crucial para marcas e personalidades que buscam inovar em suas comunicações e engajamento com o público. Este capítulo explora o impacto da Inteligência Artificial (IA), blockchain, realidade aumentada (RA) e outras tecnologias na reinvenção das estratégias de RP, destacando como essas ferramentas podem ser utilizadas para aprimorar a comunicação e a análise de dados.

INTELIGÊNCIA ARTIFICIAL (IA) EM RP

A IA está transformando as RP de várias maneiras, desde a automação de tarefas repetitivas até a personalização da comunicação com o público. Ferramentas baseadas em IA podem analisar grandes volumes de dados para identificar tendências e padrões, permitindo que as marcas antecipem necessidades do público e personalizem suas mensagens de forma mais eficaz. Além disso, chatbots alimentados por IA podem fornecer atendimento ao cliente em tempo real, melhorando a experiência do usuário.

BLOCKCHAIN PARA TRANSPARÊNCIA E SEGURANÇA

O blockchain está começando a ser explorado nas RP para melhorar a transparência e a segurança da comunicação. Essa tecnologia pode ser usada para verificar a autenticidade de documentos e releases, assegurando que a informação compartilhada seja confiável e inalterada. Isso é particularmente relevante em um cenário onde a confiança na mídia e nas instituições está em declínio.

REALIDADE AUMENTADA (RA) E EXPERIÊNCIAS IMERSIVAS

A RA oferece novas oportunidades para as marcas criarem experiências imersivas e envolventes, permitindo que o público interaja com produtos ou serviços de maneira virtual antes da compra. Campanhas de RP que incorporam RA podem aumentar significativamente o engajamento, proporcionando aos usuários uma compreensão mais profunda e tangível da oferta da marca.

DESAFIOS E CONSIDERAÇÕES ÉTICAS

Apesar de seu potencial, a implementação de tecnologias emergentes em RP vem com desafios e considerações éticas. A privacidade dos dados é uma preocupação primordial, especialmente com o uso de IA e análise de dados. As marcas devem garantir a transparência em como os dados são coletados e usados, além de cumprir com regulamentos de proteção de dados, como o GDPR na Europa. Além disso, é crucial manter um equilíbrio entre automação e interação humana, preservando a autenticidade da comunicação.

À medida que avançamos para o próximo capítulo, "**ANÁLISE DE DADOS EM RP**", exploraremos como a análise de dados, apoiada por tecnologias emergentes, pode fornecer insights valiosos para otimizar estratégias de RP e medir o impacto das campanhas. As tecnologias emergentes oferecem ferramentas poderosas para inovar e melhorar as relações públicas, mas seu sucesso depende de uma implementação cuidadosa e consideração ética.

A integração de tecnologias emergentes nas estratégias de RP representa uma fronteira empolgante de inovação e personalização. No entanto, para maximizar seu potencial, é fundamental abordar os desafios e considerações éticas associadas. Continue conosco nesta jornada, enquanto desvendamos como aproveitar o poder da análise de dados para transformar suas relações públicas.

ANÁLISE DE DADOS EM RP

A análise de dados transformou-se em uma ferramenta indispensável para os profissionais de relações públicas, permitindo uma compreensão mais profunda do impacto das suas estratégias e a otimização de campanhas futuras com base em insights concretos. Este capítulo explora como a análise de dados pode ser aplicada efetivamente nas RP, destacando as melhores práticas para coletar, interpretar e agir com base nos dados.

O PODER DA ANÁLISE DE DADOS EM RP

A análise de dados permite medir o sucesso das iniciativas de RP de maneira quantitativa, oferecendo uma visão clara do retorno sobre o investimento (ROI) e da eficácia das campanhas. Além disso, os insights gerados pela análise de dados podem ajudar a identificar tendências de mercado, preferências do público, o desempenho de conteúdo e o alcance de mídia, permitindo ajustes estratégicos que aprimorem as futuras comunicações.

IMPLEMENTANDO ANÁLISE DE DADOS NAS ESTRATÉGIAS DE RP

- **Definição de objetivos claros**: Antes de iniciar a coleta de dados, é essencial definir o que você deseja alcançar com sua análise. Isso pode incluir o aumento da visibilidade da marca, o engajamento do público ou a eficácia da mensagem.

- **Coleta de dados**: Utilize uma variedade de ferramentas e plataformas para coletar dados relevantes. Isso pode incluir análises de mídia social, ferramentas de monitoramento de mídia, pesquisas com o público e dados de tráfego do site.

- **Análise e interpretação**: Analise os dados coletados para identificar padrões, tendências e insights. A interpretação dos dados requer uma compreensão dos objetivos de RP e como eles se relacionam com os resultados observados.

- **Ação baseada em dados**: Utilize os insights obtidos para informar e ajustar suas estratégias de RP. Isso pode incluir a otimização de conteúdo, a redefinição de públicos-alvo ou a alteração de canais de comunicação.

- **Medição e ajuste contínuo**: A análise de dados é um processo contínuo. Regularmente avalie o impacto das alterações implementadas e esteja pronto para fazer ajustes adicionais com base em novos dados e insights.

DESAFIOS NA ANÁLISE DE DADOS

Um dos principais desafios na análise de dados em RP é garantir a qualidade e a relevância dos dados coletados. Além disso, interpretar dados de forma eficaz requer habilidades específicas e compreensão do contexto das RP. A superação desses desafios muitas vezes requer formação contínua e, em alguns casos, a colaboração com especialistas em análise de dados.

A análise de dados oferece aos profissionais de RP a oportunidade de tomar decisões informadas e baseadas em evidências, elevando o impacto e a eficiência de suas estratégias. No próximo capítulo, "**GESTÃO DE FEEDBACK ONLINE**", exploraremos como coletar, interpretar e responder ao feedback online de maneira construtiva, uma etapa crucial para o aprimoramento contínuo e a manutenção de relações positivas com o público.

Em um ambiente digital cada vez mais orientado por dados, a capacidade de interpretar e agir com base em informações precisas é fundamental para o sucesso das estratégias de RP. Prossiga nesta jornada conosco, enquanto exploramos técnicas avançadas para gerenciar o feedback online e fortalecer sua presença digital.

GESTÃO DE FEEDBACK ONLINE

O feedback online tornou-se uma fonte inestimável de insights para marcas e personalidades públicas, oferecendo uma visão direta das percepções, experiências e expectativas do público. Este capítulo aborda como coletar, interpretar e responder ao feedback online de forma eficaz, transformando-o em uma ferramenta poderosa para aprimoramento contínuo e fortalecimento das relações com o público.

A IMPORTÂNCIA DO FEEDBACK ONLINE

O feedback online, seja através de comentários em mídias sociais, avaliações em sites ou fóruns de discussão, fornece dados reais sobre a reação do público às suas iniciativas de RP. Além de medir a satisfação e captar sugestões de melhorias, o feedback online permite identificar rapidamente possíveis crises e ajustar as estratégias de comunicação conforme necessário.

ESTRATÉGIAS PARA GESTÃO DE FEEDBACK ONLINE

- **Monitoramento ativo**: Utilize ferramentas de monitoramento de mídias sociais e outras plataformas digitais para coletar feedback de maneira contínua. Isso inclui menções da marca, hashtags relevantes e discussões em torno dos temas associados à sua imagem.

- **Análise e interpretação**: Avalie o feedback coletado para identificar tendências, problemas recorrentes e oportunidades de melhoria. A análise de sentimento pode ser particularmente útil para entender a natureza emocional do feedback.

- **Resposta rápida e personalizada**: Responder de forma rápida e personalizada ao feedback, especialmente quando ele é negativo, demonstra que sua marca valoriza as opiniões do público e está comprometida em resolver possíveis problemas.

- **Integração do feedback nas estratégias de RP**: Utilize os insights obtidos do feedback para ajustar e melhorar suas estratégias de RP. Isso pode incluir mudanças na comunicação, adaptação de produtos ou serviços e revisão das práticas de atendimento ao cliente.

- **Compartilhamento de aprendizados e melhorias**: Quando ações são tomadas com base no feedback, compartilhe essas melhorias com seu público. Isso não apenas fecha o ciclo de feedback, mas também reforça a percepção de uma marca atenta e evolutiva.

SUPERANDO DESAFIOS

Um dos desafios na gestão de feedback online é lidar com o volume significativo de dados e identificar quais feedbacks requerem ação imediata. Além disso, responder de maneira adequada a críticas negativas ou a feedbacks emocionalmente carregados requer sensibilidade e um entendimento profundo do contexto.

A gestão eficaz de feedback online é fundamental para qualquer estratégia de relações públicas moderna, servindo como uma ponte direta entre a marca e seu público. No próximo capítulo, **"PREVENÇÃO DE CRISES DIGITAIS"**, exploraremos como utilizar os insights obtidos do feedback online para prevenir potenciais crises, reforçando ainda mais a resiliência e a reputação da sua marca no ambiente digital.

Ao abordar o feedback online não como uma obrigação, mas como uma oportunidade para crescimento e aprimoramento, marcas e personalidades públicas podem desenvolver uma relação mais profunda e significativa com seu público. Prossiga nesta jornada conosco, enquanto desvendamos estratégias proativas para a gestão de crises digitais e a preservação da integridade da sua imagem online.

PREVENÇÃO DE CRISES DIGITAIS

A prevenção de crises digitais é um componente essencial para proteger a reputação de marcas e personalidades públicas no ambiente online. Este capítulo oferece um olhar sobre como identificar potenciais riscos e implementar estratégias proativas para evitar que se transformem em crises, utilizando os insights adquiridos do feedback online e outras análises de dados.

IDENTIFICANDO RISCOS POTENCIAIS

- **Monitoramento contínuo**: Utilize ferramentas de monitoramento para acompanhar menções à marca, tendências do setor e discussões relevantes. Isso permite identificar potenciais sinais de alerta antes que se transformem em crises.

- **Análise de sentimento**: Empregue análise de sentimento para entender as emoções por trás das menções à sua marca. Picos negativos no sentimento podem indicar problemas emergentes que necessitam de atenção.

- **Feedback e revisões**: Preste atenção ao feedback dos clientes e revisões de produtos ou serviços. Críticas recorrentes em áreas específicas podem ser indicativas de problemas maiores.

ESTRATÉGIAS DE PREVENÇÃO DE CRISES

- **Plano de crise**: Desenvolva e mantenha um plano de gestão de crises atualizado, incluindo protocolos de resposta rápida, lista de contatos de emergência e templates de comunicação.

- **Comunicação interna**: Assegure que a equipe esteja bem informada sobre as políticas de comunicação e procedimentos em caso de crise. Treinamentos regulares podem ajudar a preparar sua equipe para responder eficazmente.

- **Transparência proativa**: Seja transparente sobre desafios ou mudanças potencialmente controversas. Comunicar proativamente sobre tais questões pode ajudar a controlar a narrativa e reduzir a probabilidade de mal-entendidos.

- **Engajamento com stakeholders**: Mantenha um diálogo aberto com stakeholders importantes, incluindo clientes, parceiros e a mídia. Isso pode ajudar a construir um suporte robusto que pode ser vital em tempos de crise.

- **Simulações de crise**: Realize simulações de crise para testar a eficácia do seu plano de gestão de crises e identificar áreas para melhoria.

SUPERANDO DESAFIOS

O desafio na prevenção de crises digitais está na natureza imprevisível do ambiente online. A velocidade com que informações podem se espalhar exige vigilância constante e capacidade de resposta rápida. Manter-se informado sobre as tendências digitais e ajustar suas estratégias proativamente são passos cruciais para mitigar riscos.

Implementar uma estratégia sólida de prevenção de crises pode não apenas salvar a reputação da sua marca, mas também reforçar a confiança e a lealdade do seu público. No próximo capítulo, **"TREINAMENTO DE PORTA-VOZES"**, exploraremos como preparar os porta-vozes da sua marca para comunicar efetivamente a mensagem da sua marca, especialmente em tempos de crise, garantindo consistência e clareza na comunicação.

Adotar uma abordagem proativa para a gestão de riscos digitais permite que marcas e personalidades públicas naveguem com confiança pelo ambiente online, transformando potenciais ameaças em oportunidades para reforçar a sua presença e reputação digital. Continue conosco nesta jornada, enquanto aprofundamos no desenvolvimento de habilidades cruciais para a gestão eficaz de crises.

TREINAMENTO DE PORTA-VOZES

O treinamento de porta-vozes é uma componente chave na estratégia de comunicação de qualquer marca ou personalidade pública, especialmente crucial em tempos de crise. Este capítulo foca em como preparar eficazmente os porta-vozes para comunicarem a mensagem da sua marca de forma coerente e eficaz, assegurando que a comunicação reforce positivamente a imagem da marca em todas as circunstâncias.

A IMPORTÂNCIA DOS PORTA-VOZES BEM PREPARADOS

Porta-vozes são o rosto e a voz da sua marca; eles desempenham um papel vital na maneira como a marca é percebida pelo público. Um porta-voz bem preparado pode não só transmitir a mensagem da marca de forma clara e convincente, mas também pode ajudar a navegar pela marca através de crises, minimizando danos potenciais à reputação.

ESTRATÉGIAS PARA O TREINAMENTO DE PORTA-VOZES

- **Seleção criteriosa**: Escolha porta-vozes que não só tenham habilidades de comunicação excepcionais, mas que também compreendam profundamente a missão, os valores e as políticas da marca.

- **Treinamento abrangente**: Forneça treinamento abrangente que cubra desde os fundamentos da marca até técnicas avançadas de comunicação e gestão de crises. Isso deve incluir simulações de entrevistas e cenários de crise.

- **Mensagens chave**: Desenvolva e reforce mensagens-chave que reflitam os valores e objetivos da marca. Certifique-se de que os porta-vozes estejam familiarizados com essas mensagens e capazes de incorporá-las naturalmente na comunicação.

- **Respostas para perguntas difíceis**: Prepare os porta-vozes para lidar com perguntas difíceis, fornecendo-lhes respostas pré-elaboradas para questões potencialmente complicadas ou controversas.

- **Atualização e reciclagem**: Mantenha os porta-vozes atualizados com as últimas informações e tendências relacionadas à marca e ao setor. Realize sessões de treinamento regularmente para reciclar habilidades e ajustar estratégias conforme necessário.

SUPERANDO DESAFIOS

Um dos maiores desafios no treinamento de porta-vozes é garantir que eles permaneçam autênticos enquanto comunicam as mensagens da marca. Encoraje os porta-vozes a adaptarem as mensagens-chave ao seu próprio estilo de comunicação, mantendo a consistência com a imagem e valores da marca.

Porta-vozes bem preparados são fundamentais para a eficácia das estratégias de relações públicas, capazes de influenciar positivamente a percepção pública em momentos críticos. No próximo capítulo, "**NARRATIVAS MULTICANAIS**", exploraremos como integrar as mensagens de RP em múltiplos canais digitais e tradicionais para garantir uma comunicação coesa e ampla da marca.

A preparação e o treinamento contínuo dos porta-vozes reforçam a resiliência e a credibilidade da marca, especialmente em tempos de crise. Continue nesta jornada conosco, enquanto mergulhamos mais fundo nas estratégias para maximizar o impacto das suas comunicações em um ecossistema de mídia diversificado.

NARRATIVAS MULTICANAIS

Em um ecossistema de mídia cada vez mais fragmentado, adotar uma abordagem multicanal nas estratégias de relações públicas é essencial para alcançar e engajar efetivamente o seu público-alvo. Este capítulo explora como sincronizar e adaptar as mensagens de RP em diversos canais digitais e tradicionais, criando uma narrativa coesa que reforça a imagem da marca e amplia seu alcance.

A IMPORTÂNCIA DE UMA ESTRATÉGIA MULTICANAL

A comunicação multicanal permite que as marcas encontrem seu público onde ele está, seja em mídias sociais, blogs, e-mail, mídia tradicional ou eventos ao vivo. Uma estratégia bem-executada assegura que a mensagem da marca seja consistente em todos os pontos de contato, mas adaptada para se encaixar nas especificidades de cada canal.

DESENVOLVENDO NARRATIVAS MULTICANAIS

- **Mapeamento dos canais**: Identifique quais canais são mais relevantes para o seu público. Isso inclui uma análise de onde seu público passa tempo online e quais formatos de conteúdo ele prefere.

- **Mensagem unificada, formatos diversificados**: Desenvolva uma mensagem central unificada que possa ser adaptada e distribuída através de diferentes canais. Cada adaptação deve levar em consideração o formato e as convenções do canal específico.

- **Cronograma coordenado**: Planeje um cronograma de lançamento que coordene a divulgação de mensagens em todos os canais selecionados. Isso ajuda a construir momento e reforçar a mensagem através da repetição estratégica.

- **Integração de feedback**: Utilize o feedback recebido em um canal para informar e ajustar a comunicação nos outros. Isso cria um loop de feedback dinâmico que pode aumentar a eficácia geral da campanha.

- **Medição e ajuste**: Monitore o desempenho em todos os canais e esteja pronto para ajustar sua estratégia conforme necessário. Ferramentas de análise podem fornecer insights valiosos sobre o alcance e a recepção da sua mensagem.

SUPERANDO DESAFIOS

Gerenciar narrativas multicanais pode ser desafiador, especialmente quando se trata de manter a consistência da mensagem enquanto se adapta a diferentes canais. Uma comunicação eficaz dentro da equipe e o uso de um calendário editorial compartilhado são fundamentais para garantir que todos os membros estejam alinhados e que as mensagens sejam coesas e sincronizadas.

A adoção de uma estratégia de narrativa multicanal não só amplia o alcance da sua mensagem, mas também reforça a identidade da marca através de uma comunicação consistente e adaptada. No próximo capítulo, "**RP E RESPONSABILIDADE SOCIAL CORPORATIVA (RSC)**", exploraremos como alinhar suas estratégias de RP com iniciativas de RSC para reforçar ainda mais a imagem positiva da marca.

Implementar uma abordagem multicanal eficaz requer planejamento cuidadoso, execução precisa e flexibilidade para adaptar-se às mudanças no ambiente de mídia. Continue conosco nesta jornada, enquanto exploramos como integrar a responsabilidade social corporativa em suas estratégias de relações públicas para criar um impacto positivo duradouro.

RP E RESPONSABILIDADE SOCIAL CORPORATIVA (RSC)

A integração da Responsabilidade Social Corporativa (RSC) nas estratégias de relações públicas é mais do que uma tendência — é uma necessidade para as marcas que buscam criar um impacto positivo e fortalecer sua reputação no longo prazo. Este capítulo explora como alinhar suas iniciativas de RP com os esforços de RSC, destacando como essa sinergia pode reforçar a imagem da marca e promover um engajamento significativo com o público e a sociedade como um todo.

A IMPORTÂNCIA DA RSC NAS ESTRATÉGIAS DE RP

Incorporar a RSC nas estratégias de RP não apenas demonstra o compromisso da marca com questões sociais, ambientais e de governança, mas também contribui para construir confiança e credibilidade com os stakeholders. Ao comunicar as iniciativas de RSC de forma eficaz, as marcas podem destacar seus valores, diferenciar-se no mercado e fomentar uma conexão mais profunda com seu público.

ESTRATÉGIAS PARA INTEGRAR RSC E RP

- **Identificação de causas alinhadas**: Selecione iniciativas de RSC que estejam alinhadas com os valores da marca e as expectativas do seu público. Isso garante autenticidade e relevância nas suas comunicações.

- **Comunicação clara e transparente**: Comunique suas ações de RSC de maneira clara e transparente. Use histórias reais e resultados mensuráveis para demonstrar o impacto das suas iniciativas.

- **Engajamento do público**: Encoraje o engajamento do público nas suas iniciativas de RSC. Isso pode incluir campanhas interativas, parcerias com ONGs ou eventos comunitários que permitam ao público participar ativamente.

- **Parcerias estratégicas**: Estabeleça parcerias com organizações que compartilham de valores semelhantes e que podem amplificar suas mensagens de RSC. Isso pode ampliar o alcance e a eficácia das suas iniciativas.

- **Monitoramento e relato de progresso**: Monitore o progresso das suas iniciativas de RSC e comunique esse progresso regularmente ao seu público. Relatórios de sustentabilidade e atualizações frequentes podem ajudar a manter a transparência e reforçar o compromisso da marca.

SUPERANDO DESAFIOS

Um dos principais desafios ao integrar RSC nas estratégias de RP é garantir que as ações não sejam percebidas como uma tentativa de "greenwashing" ou de promoção superficial. Para superar isso, é crucial que as iniciativas de RSC sejam genuínas, bem planejadas e alinhadas com os valores centrais da marca.

A integração bem-sucedida de RSC e RP não só beneficia a sociedade, mas também reforça positivamente a reputação da marca, contribuindo para o sucesso a longo prazo. No próximo capítulo, "**ESTRATÉGIAS DE RP PARA STARTUPS**", exploraremos abordagens específicas de relações públicas para startups em um ambiente digital volátil, enfatizando como princípios de RSC podem ser incorporados desde o início.

A adoção de uma abordagem responsável e socialmente consciente nas relações públicas é um poderoso diferencial competitivo que pode impulsionar a lealdade do cliente e promover uma imagem positiva da marca. Continue conosco nesta jornada, enquanto desvendamos estratégias específicas para startups engajarem eficazmente seus públicos alinhando-se com práticas responsáveis e sustentáveis.

ESTRATÉGIAS DE RP PARA STARTUPS

Startups operam em um ambiente único, caracterizado por rápidas mudanças, recursos limitados e a necessidade de se destacar em um mercado competitivo. Integrar estratégias de relações públicas (RP) eficazes é crucial para construir a marca, ganhar visibilidade e atrair investimentos. Este capítulo aborda abordagens específicas de RP para startups, destacando a importância de incorporar práticas de Responsabilidade Social Corporativa (RSC) desde o início.

ENTENDENDO O CENÁRIO DE RP PARA STARTUPS

Para startups, as RP não são apenas sobre gerar cobertura na mídia; trata-se de contar a história da sua inovação, construir credibilidade e estabelecer relações de confiança com stakeholders, incluindo clientes, investidores e a comunidade em geral. Iniciativas de RSC podem reforçar esses objetivos, demonstrando o compromisso da startup com valores mais amplos além do lucro.

ESTRATÉGIAS EFETIVAS DE RP PARA STARTUPS

- **Narrativa autêntica**: Desenvolva uma narrativa forte e autêntica que capture a essência da sua startup — o problema que resolve, sua missão e o que a diferencia. Histórias que incorporam elementos de RSC podem ressoar mais profundamente com o público.

- **Foco em relacionamentos**: Construa relacionamentos estratégicos com jornalistas, bloggers e influenciadores que se alinham com o nicho da sua startup. Comunicações personalizadas e oferecimento de insights exclusivos podem aumentar suas chances de ganhar cobertura significativa.

- **Aproveitamento de mídias sociais**: Utilize as mídias sociais para amplificar sua mensagem, engajar-se diretamente com o público e mostrar o impacto das suas iniciativas de RSC. Plataformas sociais oferecem um meio dinâmico e de baixo custo para compartilhar atualizações, histórias de sucesso e atrair uma comunidade em torno da sua marca.

- **Eventos e parcerias**: Participar de eventos do setor, conferências e webinars pode aumentar a visibilidade da sua startup. Estabelecer parcerias com organizações que compartilham valores semelhantes de RSC pode também amplificar o alcance e fortalecer a mensagem da sua marca.

- **Medição e adaptação**: Monitore o impacto das suas estratégias de RP e ajuste conforme necessário. Ferramentas de análise digital podem ajudar a avaliar o engajamento do público, o alcance da mídia e o retorno sobre o investimento em atividades de RP.

SUPERANDO DESAFIOS

Um dos maiores desafios para startups é conseguir destaque em um mercado saturado. Concentrar-se em uma história única, alavancar nichos específicos e manter a autenticidade pode ajudar a superar esse obstáculo. Além disso, a integração de práticas de RSC desde o início pode diferenciar a startup, atraindo clientes e investidores que valorizam a responsabilidade social.

Para startups, uma estratégia de RP bem planejada, que inclui um forte componente de RSC, pode ser decisiva para o sucesso. No próximo capítulo, "**DESENVOLVIMENTO DE CAMPANHAS DE RP**", mergulharemos em como planejar e executar campanhas de RP que ressoem tanto na era digital quanto em ambientes tradicionais, garantindo que sua startup não apenas capte atenção, mas também construa um legado duradouro.

Adotar abordagens inovadoras de RP e incorporar a RSC pode ajudar startups a construir uma marca forte, estabelecer credibilidade no mercado e gerar um impacto positivo na sociedade. Continue nesta jornada conosco, enquanto exploramos como desenvolver e implementar campanhas de RP que façam a diferença.

DESENVOLVIMENTO DE CAMPANHAS DE RP

Desenvolver campanhas de relações públicas (RP) eficazes é crucial para qualquer organização que busca aumentar sua visibilidade, construir uma reputação positiva e engajar-se de maneira significativa com seu público. Este capítulo foca no planejamento e execução de campanhas de RP que alinham estratégias digitais e tradicionais, maximizando o impacto e alcançando objetivos estratégicos de longo prazo.

PLANEJAMENTO DE CAMPANHAS DE RP

O planejamento eficaz é a espinha dorsal de qualquer campanha de RP bem-sucedida. Envolve a definição clara de objetivos, a identificação do público-alvo, a criação de mensagens-chave e a escolha dos canais de comunicação mais adequados para alcançar seus objetivos.

- **Definição de objetivos**: Estabeleça o que a campanha visa alcançar, sejam aumentos na visibilidade da marca, melhorias na reputação ou um engajamento aprimorado do público.

- **Identificação do público-alvo**: Compreenda quem você está tentando alcançar com sua campanha. Uma compreensão clara do seu público permite criar mensagens que ressoem e escolher os canais mais eficazes para a comunicação.

- **Desenvolvimento de mensagens-chave**: Crie mensagens claras e impactantes que comuniquem efetivamente o valor da sua marca ou iniciativa. As mensagens devem ser adaptáveis para diferentes canais, mas consistentes em seu núcleo.

- **Seleção de canais**: Determine os canais de comunicação que serão utilizados, desde mídias sociais e blogs até mídia tradicional e eventos. A seleção deve refletir onde seu público-alvo consome informações.

EXECUÇÃO DE CAMPANHAS DE RP

A execução de uma campanha de RP envolve a distribuição coordenada de suas mensagens através dos canais selecionados, o monitoramento contínuo do desempenho e a adaptação de estratégias conforme necessário.

- **Lançamento coordenado**: Assegure que todos os elementos da campanha sejam lançados de maneira coordenada e oportuna para maximizar o impacto.

- **Engajamento e interação**: Mantenha-se engajado com seu público durante a campanha, respondendo a feedbacks e adaptando sua comunicação conforme a reação do público.

- **Monitoramento e avaliação**: Utilize ferramentas de análise para monitorar o desempenho da campanha em tempo real, permitindo ajustes rápidos para otimizar os resultados.

MEDINDO O SUCESSO

A avaliação do sucesso de uma campanha de RP deve ser baseada nos objetivos iniciais estabelecidos. Métricas como cobertura da mídia, engajamento nas mídias sociais, aumento do tráfego no site e mudanças na percepção da marca podem fornecer insights valiosos sobre o impacto da campanha.

O desenvolvimento e a execução de campanhas de RP bem-sucedidas requerem um planejamento cuidadoso, execução habilidosa e a capacidade de adaptar-se rapidamente às mudanças no ambiente de mídia. No próximo capítulo, "**O FUTURO DAS RELAÇÕES PÚBLICAS DIGITAIS**", exploraremos tendências emergentes e projeções sobre como as estratégias de RP continuarão a evoluir no futuro digital.

Campanhas de RP bem planejadas e executadas podem transformar significativamente a visibilidade e reputação de uma marca. Prossiga nesta jornada conosco, enquanto olhamos para o futuro e antecipamos como adaptar e inovar nas estratégias de RP para permanecer relevante e impactante no panorama digital em constante mudança.

O FUTURO DAS RELAÇÕES PÚBLICAS DIGITAIS

À medida que avançamos para um futuro cada vez mais digitalizado, as relações públicas enfrentam transformações significativas, impulsionadas pela inovação tecnológica, mudanças nos hábitos de consumo de mídia e a crescente demanda por transparência e autenticidade. Este capítulo explora as tendências emergentes e as projeções sobre como as estratégias de RP podem evoluir, adaptando-se para continuar a criar impacto significativo.

TENDÊNCIAS EMERGENTES EM RP DIGITAIS

- **Inteligência artificial e automação**: A IA continuará a remodelar as RP, oferecendo novas ferramentas para personalização de conteúdo, análise preditiva e monitoramento em tempo real, permitindo campanhas mais direcionadas e eficientes.

- **Realidade aumentada e virtual**: As tecnologias imersivas oferecem novos caminhos para envolver o público, desde experiências de marca até simulações que permitem ao público "vivenciar" produtos ou serviços antes do lançamento.

- **Comunicação direta e plataformas de mensagens**: A comunicação direta com o público por meio de plataformas de mensagens e aplicativos sociais ganhará ainda mais relevância, demandando uma abordagem mais personalizada e conversacional nas RP.

- **Ética e transparência**: Em um ambiente digital onde a confiança pode ser facilmente abalada, a ênfase em práticas éticas e transparentes se tornará ainda mais crítica, com marcas sendo responsabilizadas por suas ações e comunicações.

- **Sustentabilidade e responsabilidade social**: A demanda por práticas sustentáveis e responsabilidade social das empresas continuará a crescer, com a RSC se tornando uma componente integrante das estratégias de RP.

PREPARANDO-SE PARA O FUTURO

Para navegar com sucesso neste futuro dinâmico, as marcas precisarão:

- **Adotar tecnologias emergentes**: Mantenha-se atualizado sobre as últimas inovações e esteja pronto para integrá-las em suas estratégias de RP.

- **Focar na autenticidade**: Cultive uma voz de marca autêntica e garanta que todas as comunicações reflitam seus valores verdadeiros.

- **Priorizar o engajamento do público**: Desenvolva estratégias que promovam o engajamento significativo, utilizando dados e feedback para personalizar as interações.

- **Reforçar a flexibilidade e a resiliência**: Esteja preparado para adaptar rapidamente as estratégias em resposta a mudanças no ambiente digital e nas expectativas do público.

As relações públicas digitais estão à beira de uma era de inovação sem precedentes, onde a criatividade, a tecnologia e a ética se entrelaçam para definir a próxima geração de comunicação de marca. À medida que fechamos este guia abrangente sobre a evolução das relações públicas na era digital, é importante refletir sobre as transformações que continuam a remodelar o campo das RP e como profissionais, marcas e personalidades públicas podem se adaptar e prosperar neste cenário em constante mudança.

A IMPORTÂNCIA DA ADAPTAÇÃO CONTÍNUA

Se há um tema recorrente neste livro, é a necessidade de adaptação contínua. O mundo digital está em constante evolução, assim como as expectativas do público. Profissionais de RP devem permanecer ágeis, dispostos a aprender e adaptar-se às novas tecnologias, tendências e comportamentos do público para manter suas estratégias eficazes e relevantes.

IMPLEMENTAÇÃO DAS ESTRATÉGIAS DISCUTIDAS

Encorajamos os leitores a implementarem as estratégias discutidas neste livro em suas práticas de RP. Isso inclui não apenas adotar ferramentas e tecnologias emergentes, mas também cultivar uma cultura de transparência, autenticidade e responsabilidade social, elementos cruciais para construir e manter a confiança do público na era digital.

OLHANDO PARA O FUTURO

O futuro das relações públicas digitais é brilhante e cheio de oportunidades para aqueles que abraçam a mudança. Enquanto continuamos a navegar pelas ondas da inovação digital, lembre-se de que o coração das RP permanece o mesmo: construir e manter relações positivas. As ferramentas e plataformas podem mudar, mas a essência de conectar-se de forma significativa com seu público sempre será o centro das relações públicas eficazes.

Este livro é apenas o início de sua jornada. O campo das relações públicas continuará a evoluir, e esperamos que as estratégias e insights compartilhados aqui sirvam como um guia confiável enquanto você explora o dinâmico mundo das RP digitais. Seja curioso, seja ousado e, acima de tudo, esteja preparado para adaptar-se e inovar.

Obrigado por nos acompanhar nesta jornada através da Assessoria de Imprensa 3.0. Juntos, vamos continuar a moldar o futuro das relações públicas digitais, criando conexões autênticas, construindo reputações resilientes e fazendo um impacto positivo no mundo digital.

Ao virarmos a última página desta jornada juntos, espero sinceramente que os aprendizados compartilhados aqui tenham tocado seu coração e despertado novas perspectivas. Se este livro lhe trouxe algum valor, peço gentilmente que dedique alguns momentos para deixar sua avaliação na Amazon. Suas palavras não apenas me ajudam a crescer e aprimorar minha arte, mas também guiam outros leitores em suas buscas por conhecimento e inspiração. Sua opinião é um presente valioso, tanto para mim quanto para a comunidade de leitores em busca de histórias que transformam. Agradeço de coração por compartilhar esta jornada comigo e espero que possamos nos encontrar novamente nas páginas de uma nova aventura.

REGINALDO OSNILDO

Olá, sou Reginaldo Osnildo, autor e inovador nas áreas de vendas, tecnologia, e estratégias de comunicação. Minha experiência abrange desde o ambiente acadêmico, como professor e pesquisador na Universidade do Sul de Santa Catarina, até a prática como estrategista no Grupo Catarinense de Rádios. Com um doutorado em narrativas de vendas e convergência digital, e um mestrado em storytelling e imaginário social, eu trago para meus leitores uma fusão única entre teoria e prática. Meu objetivo é fornecer conhecimento em uma linguagem simples, prática e didática, incentivando a aplicação direta na vida pessoal e profissional.

Atenciosamente

Prof. Dr. Reginaldo Osnildo

+55 48 991913865

reginaldoosnildo@gmail.com

www.ingramcontent.com/pod-product-compliance
Lightning Source LLC
Chambersburg PA
CBHW070114230526
45472CB00004B/1255